*Die Originalausgaben der Bilderbücher erschienen erstmals um
1920 („Weihnacht, Weihnacht überall"), 1949 („Weihnachten im Walde"),
1953 („Der Kinder Weihnachtszeit") und 1956 („Michael im Zauberwald").
Die vorliegende Neuauflage wurde geringfügig überarbeitet.*

Weihnachten im Winterwald
ISBN 978-3-480-23871-2

Einband- und Innentypografie: Christine Sassie

Reproduktion: Schwabenrepro GmbH, Fellbach
Druck und Bindung: Livonia Print, Riga, Lettland

Weihnachten
im Winterwald

esslinger

Weihnachten im Zauberwald

Ein Märchen von Erich Heinemann
Mit Bildern von Fritz Baumgarten

Es war einmal ein Knabe, der hieß Michael. Seine Eltern hatten wenig Geld; denn Besenbinden ist nicht ein so nahrhafter Erwerb wie Wurst machen und Kuchen backen. Doch lebten sie in ihrem kleinen Häuschen glücklich und zufrieden. Michael aber war ihre ganze Freude.

Da kam eine böse Seuche ins Land und auch in die Besenbinderstube. Vater und Mutter wurden sehr krank und starben plötzlich über Nacht. Es war ein großes Herzeleid. Michael glaubte zuerst, auch er müsste sterben; so traurig war ihm zumute. Aber nach einigen Wochen wurde er ruhiger und gewöhnte sich an das Alleinsein. Die Eltern waren sicher im Himmel gut aufgehoben, und oft hatte er das Gefühl, dass sie um ihn seien. Andere Knaben spielten im Sonnenschein, liefen durch die Fluren und waren unbändig wie die Fohlen. So war Michael nicht! Immer war er beschäftigt, hatte etwas zu bauen und auszubessern. Dafür sah es aber auch in seinem Häuschen blitzsauber aus. Als Hütejunge verdiente er sein kärgliches Brot bei den Nachbarn, und das Vieh war bei ihm in guter Obhut. Nur in der Mittagsstunde, wenn Kühe und Ziegen wiederkäuend auf der Wiese ruhten, lag auch er im grünen Gras und träumte. Die Wolken zogen wie große weiße Segelschiffe von Süden heran, und Michael fuhr als Kapitän mit ihnen in die Ferne.

Der Herbst verging, und die Kühe blieben lieber im warmen Stall. Da fasste der Knabe einen raschen Entschluss! Kuhhirt konnte er sein Leben lang nicht bleiben, wenn ihm auch die Tiere ans Herz gewachsen waren. Nein, das war kein Beruf nach seinem Sinne. Er wollte in der nächsten Stadt Arbeit suchen und etwas Tüchtiges lernen. Türen und Fenster wurden von ihm sorgfältig verschlossen, und dann begab er sich auf die Reise. Nur ein Stück aus dem Elternhaus nahm er mit sich, seine geliebte

Ziehharmonika, die er zu spielen verstand wie kein zweiter.

Dezember war es. Der strenge Winter hatte die Felder tief zugeschneit, und die grauen Wolken streuten immer mehr Schnee. Auch der kalte Wind packte Michael ordentlich an. Aber der Knabe war an die Kälte gewöhnt, und in seiner dicken Jacke konnte sie ihn wenig schrecken.

Der Weg zur Stadt führte durch einen großen Wald, den „Zauberwald", wie er im Dorfe genannt wurde. Ging es doch drinnen nicht mit rechten Dingen zu, und die Leute erzählten wunderliche Geschichten. – Es geschah, dass ein gutes altes Mütterchen, die Beerenhanne, im Wald auf der Suche nach Blaubeeren war. Da rief eine feine Stimme: „Hanne!" und nach einer Weile und immer wieder: „Hanne! Hanne!" Die alte Frau sah sich um und um, nirgends war eine Menschenseele. Vielleicht hat sich ein Kind verlaufen, dachte sie besorgt und ging dem Rufen nach, bis es plötzlich ein Ende hatte. Da stand die freudig staunende Hanne inmitten vollbehangener Beerensträucher, wie sie solche noch nie gefunden und füllte froh und glückselig Korb und

Kannen. Einige Zeit später trieben zwei junge Burschen allerlei Unfug im Walde, rissen Äste von den Bäumen und zertraten Pilze und Kräuter. – *Plauz* kam dem ersten ein schwerer Tannenzapfen an den Kopf geflogen und – *plauz* ein noch dickerer dem zweiten mitten auf das Nasenbein. Au, tat das weh! Und dann hagelte es Tannenzapfen mit solcher Wucht, dass die Burschen zerschunden und voller Beulen im Dorfe ankamen. Sicher geschah ihnen in ihrem Übermut recht damit! – Michael hatte keine Furcht und schritt zwischen den himmelhohen Bäumen tüchtig aus. Der tiefe Schnee machte ihm aber doch mit der Zeit müde Beine.

Ich will mich eine Weile ausruhen, dachte er. Aber kaum hatte er sich gesetzt, fielen ihm die Augen zu, und bald war er fest eingeschlafen. Wer weiß, wie schlimm es ausgegangen wäre, hätte ihn nicht ein heftiges Rütteln an den Armen geweckt. Erstaunt öffnete er die Augen. Vor ihm stand ein uraltes Männlein mit langem Bart, sah ihn besorgt an und sprach: „Aber Michael, du darfst im Schnee nicht schlafen; wie leicht kannst du erfrieren. Komm mit und ruh' dich bei uns aus!"

Eine warme Stube war Michael schon recht und gern folgte er dem Wichtel. Immer weiter ging es in den Wald hinein. Dichter und dichter standen die Tannen, die mit ihren beschneiten Zweigen fast den Waldboden berührten, bis unsere beiden plötzlich vor einer gut verdeckten Pforte standen. Der Graubart nahm sorgsam Michaels Hand und führte ihn viele Stufen in die Erde hinab. Tief unten öffnete er eine Tür und sie traten in ein helles Stübchen, voll von einer Schar grauer Männlein. Alle sahen Michael treuherzig und neugierig an. Bastian, sein Freund, erzählte, wie er Michael gefunden hatte, und mitleidig wurde dem Knaben ein Platz am Tische eingeräumt. Wie hingezaubert stand ein

gutes Essen vor ihm, und Michael ließ sich nicht nötigen, aß und trank, bis er satt war. Dann erzählte er vom Elternhaus und seinen Plänen, und die Wichtel nickten beifällig dazu. Als sie aber immer und immer nach seiner Ziehharmonika sahen, nahm er sie, spielte einige Akkorde und sang dazu mit seiner hellen Stimme:

„Ich bin ein armes Waisenkind, bin wie ein Reis im rauen Wind.
Der Mund der Mutter, weich und warm, küsst mich nicht mehr, des Vaters Arm
wird niemals mehr mich lieb umfassen; doch will ich mich auf Gott verlassen!
Er wird mit seinen starken Händen mein Schicksal schon zum Guten wenden.“

Darauf folgte eine schöne Melodie nach der anderen. Die Männlein gerieten ganz aus dem Häuschen, und ihre Augen glänzten vor Entzücken und Freude. Es war ein großes Ereignis in der Wichtelstube. – Inzwischen schlug die Uhr zehnmal und mahnte zum Schlafengehen. Michael bekam

als Lager einen weichen Strohsack, auf dem er so herrlich schlief wie ein König in seinem Himmelbett. – Als er am Morgen die Augen öffnete, standen seine Freunde schon vor ihm und riefen alle freundlich: „Guten Morgen!“ Bastian aber fragte ihn: „Michael, hast du nicht Lust, den kalten Winter über bei uns zu bleiben? Es wäre uns allen recht! Du kannst viel lernen, und das

wird dir später von großem Nutzen sein." – Michael war es auch recht! Er dachte an den Schnee und die eisige Kälte oben auf der Erde und fand, dass es hier unten ganz gemütlich sei.

Eigentlich war Michael ein noch kleines Menschenkind, aber doch einen ganzen Kopf größer als die Wichtelmännlein. Außerdem war er kräftig und an die Arbeit gewöhnt, und solche gab es genug! Zuerst half er in der Küche, spaltete große Berge Holz und schleppte Wasser aus dem nahen Bach herbei. Die meisten der Wichtel waren tagsüber im Bergwerk, um Kohle und Erz zu graben, andere arbeiteten in den Werkstätten und fertigten allerlei Dinge von Nutzen: Schaufeln, Räder, Schlitten, Schlösser und vieles mehr. So stand jeder fleißig und geschickt am richtigen Platz!

Als die Kälte zunahm, wurde Michael die Versorgung der Tiere des Waldes anvertraut, die jetzt Not litten. Der Winter hatte zwar ein schönes weißes Tischtuch aufgelegt, aber vergessen, die Speisen aufzutragen.

Das war Michaels liebste Arbeit, und so fuhr er in den Wald und brachte Nahrung. Alles, was dort heranwuchs, liebte ihn. Sogar die Bäume versuchten, ihn mit ihren Zweigen liebkosend zu streicheln. Die sonst so scheuen Rehe schoben bittend die feuchten Nasen in seine warmen Hände und sahen ihn mit ihren Sammetaugen freundlich an, während kleine Häschen in seinen Taschen nach Leckerbissen suchten. Seine kleinen Freunde saßen in der Frühe schon vor der Tür oder ringsum auf den Zweigen und warteten, bis Michael heraustrat. Dann begannen sie ein Freudengeschrei, setzten sich ihm auf Kopf und Schultern oder liefen nebenher. Jeder hatte eine andere Sprache, aber der Knabe verstand sie alle recht gut. Die Krähe rief schon, als sich die Tür einen Spalt weit öffnete:

„Krah, krah, krah, der Michael ist da!"

Das flinke Eichhörnchen fegte mit einem langen Satz auf seinen Arm und piepste zärtlich:

„Fiep, fiep, fiep, wie habe ich dich lieb!"

Der Fasan war eifersüchtig, setzte sich ihm auf die Mütze, spreizte seine Schwanzfedern und schrie:

„Kreck, kreck, kreck, ich geh' nicht weg, nicht weg!"

Auch ein braunes Häschen kam in aller Eile herbei, sprang an Michaels Bein hoch und rief:

„Hopp, hopp, hopp, kraule mich am Kopp!"

Die Waldtaube flog ihm auf die Schulter, rieb das Köpfchen an seinem Ohr und schmeichelte:

„Kruh, kruh, kruh, wer ist so lieb wie du?"

Die Gimpel flogen eine Runde nach der anderen um Michaels Kopf und pfiffen im Chor:

„Schiep, schiep, schiep, wenn es doch nur so blieb'!"

Sogar ein dicker Igel versuchte, mit seinen kurzen Beinen nachzukommen, bettelte und jammerte:

„Fitt, fitt, fitt, bitte nimm mich mit!"

Michael war allen Tieren von Herzen zugetan, verband ihre Wunden und pflegte die kranken gesund. Die Wichtel waren darin Meister, und manches Rezept prägte sich für immer in sein Gedächtnis ein.

Drei Wochen waren inzwischen vergangen, und der Kalender sagte den 23. Dezember an. „Morgen ist Weihnachten", mahnten die Schneeflocken, die ganz leise auf die Erde fielen und alle Bäume für das Fest feierlich ausschmückten. Auch die Tiere flüsterten: „Morgen ist Weihnachten",

und besonders die jungen, die es noch nicht kannten, waren ganz
närrisch vor Neugierde. Im Wichtelheim ging es gar geheimnisvoll zu.
Mitten in der Nacht, wenn eigentlich alles schlafen sollte, wurde plötzlich
gefeilt und vorsichtig geklopft. In der Frühe aber sahen sich die Männlein
verschmitzt an, und keiner sagte auch nur ein Sterbenswörtchen.
Und dann war Heiliger Christabend! Die strenge Kälte hatte nachge-
lassen. Die Sonne glänzte tagsüber, und der Schnee blitzte, als wäre er
mit Diamanten übersät. Ein schön gewachsenes Tannenbäumchen wurde
als Weihnachtsbaum geschmückt und zitterte voll Stolz über sein Glück.
Ist es doch der sehnlichste Wunsch jeder Tanne, ein Christbaum zu werden.
Als am Abend die Kerzen angezündet wurden, strahlte der Baum über
die ganze Umgebung in märchenhaftem Glanz. Vergoldete Nüsse und
Äpfel hingen wie angewachsen an seinen Zweigen; silberne Ketten,

goldene Sterne, bunte Kugeln funkelten überirdisch und fanden ihren Widerschein in aller Augen. Es war ein beseligender Anblick! „Ach, wie herrlich!", riefen die Bäume und Sträucher ringsum und dachten traurig an ihre nackten Zweige. Für die Tiere standen allerlei Leckerbissen bereit, und jedes bekam das, was ihm am besten schmeckte. Der Weihnachtsbaum gefiel ihnen recht gut, aber das Essen war doch die Hauptsache.

Die Wichtel brachten nun ihre Gaben herbei und beschenkten sich. Am reichlichsten aber wurde Michael bedacht, und er konnte es kaum glauben, dass die schönen Dinge alle ihm gehören sollten: ein Rucksack, eine Taschenuhr, warme Wollstrümpfe und vieles mehr. Das Schönste aber war ein Taschenmesser! Nicht irgendein gewöhnliches Taschenmesser, bewahre! Dieses Messer hatte einen Bohrer, eine Feile, eine Schere, eine Schusterahle, eine Säge; kurzum, es war ein kleiner Handwerkskasten für sich. Ihr könnt euch denken, wie glücklich Michael war! Er dankte jedem einzelnen für seine Güte, und die Wichtel waren wiederum glücklich, dass ihre kleine Gabe so viel Freude brachte. – Durch die Kronen der Bäume funkelten die Sterne am nächtlichen Himmel, und eine Sternschnuppe, die Michael fallen sah, kam wohl von seinen lieben Eltern, die sich freuten, dass es ihm so wohl erging. –

Er nahm seine Ziehharmonika, und im Dom des Waldes klang es wie Gottesdienst, als die alten Weihnachtslieder gesungen wurden. Von den Dörfern rings um den Wald fiel das Geläut der Glocken ein, feierlich und klar; hatten die Wichtel sie doch in den Wochen vorher blitzblank geputzt. Kein Hauch eines Windes ging, und es war, als hielte die Natur den Atem an. – Weihnacht im Zauberwald! Nie in seinem späteren Leben vergaß Michael diese Stunden.

Den Wichteln war auch noch die ganze Woche nach dem Weihnachtsfest heilig, und die Arbeit im Bergwerk ruhte. Sie saßen gemütlich im warmen Heim unter der Erde, beschäftigten sich mit irgendeiner Arbeit und machten dabei allerhand Späße. Es war selbstverständlich, dass jeder von ihnen sauber und ordentlich ins neue Jahr ging. Deshalb flickten und stopften sie fleißig und lauschten dabei dem spielenden Michael.

Ein armer Reisigsammler aber, der bis an diese Stelle des Waldes vordrang, traute seinen Ohren nicht, als er leise, ganz leise aus der Tiefe der Erde die Musik einer Ziehharmonika hörte. Ganz wunderlich wurde ihm zumute, und die Bäume ringsum erschienen ihm plötzlich wie urwelthafte Riesen mit langen weißen Bärten, die mit drohenden Blicken jede seiner Bewegungen verfolgten. Er wagte kaum mehr richtig aufzutreten und entfernte sich eilends aus dem „Zauberwald".

Die letzten Stunden des Jahres kamen, und am Silvesterabend waren die Wichtelmännlein noch einmal ausgelassen fröhlich. Ein dicker Schneemann stand an der Pforte und betrachtete bedenklich den Topf mit dem Feuer darunter, während der Duft des brodelnden Punsches ihm in die rote Nase kam. – „Zu warm, viel zu warm", stöhnte er, „Eiskümmel und dazu ein Plätzchen am Nordpol, das wäre eine Freude für einen Schneemann." — „Alter Trauerkloß", lachten ihn die Tiere aus, „du hast kein Blut in den Adern, das ist es! Höre doch, wie schön der Kessel singt!"

Dabei hopsten sie herum wie im Zirkus und pfiffen und krähten, als wäre ihnen allein der Geruch des Punsches schon in den Kopf gestiegen. Sorgsam rührte, mischte und kostete der Koch das heiße Getränk, bis auch er kaum mehr gerade auf den Beinen stand. Endlich schlug die nächste Dorfuhr zwölfmal, das alte und das neue Jahr reichten sich die Hände. Ein feierlicher Augenblick! Die Gläser klangen zusammen, und die Wichtel tranken auf das Wohl Michaels, während sein alter Freund Bastian vor ihn hintrat und mit bewegter Stimme sprach:

„Michael, du Menschenkind, wir sind dir gar wohlgesinnt!
Freude hast du über Nacht in das Wichtelhaus gebracht,
Freude auch in unserm Wald allen Tieren jung und alt.
Hör' deshalb zu dieser Stunde, was dir wünscht die Wichtelrunde:
Jeden Tag sei dir hienieden Freude und auch Glück beschieden;
Segen ruh' auf deinen Händen. Was du anfängst, soll gut enden,
was du wünschst, soll wirklich werden. Unsern Armen hier auf Erden
sollst du Freund und Helfer sein: Michael im Sonnenschein!“

Der Vollmond lugte durch die Baumspitzen und war ganz gerührt. So gern hätte auch er ein Glas Silvesterpunsch getrunken, aber er war im Dienst, und so musste es unterbleiben. Langsam seine Bahn weiterziehend blickte er noch lange sehnsüchtig auf das lustige Treiben im Wald, bis unten endlich das Feuer erlosch. – Alle sagten, es sei eine wunderschöne Silvesterfeier gewesen. Nur der Schneemann stand steif und still da und sagte gar nichts.

In den ersten Tagen des neuen Jahres wurde beschlossen, dass Michael in die Schmiede zum Meister Blasius kam, um sich zuerst einmal im Gebrauch von Werkzeugen zu üben. Die Zeit des Lernens begann! Als Lehrling staunte er immer mehr, wie viel Wissen und Können zu einem guten Handwerk gehören. Michael war geschickt, machte die Augen auf und war bald eine gute Hilfe. – Das war eine andere Musik, wenn der gewichtige Hammer auf das glühende Eisen fiel, dass die Funken stoben, und der Amboss hell aufklang, eine Musik, die Michael bald so vertraut war wie die seiner geliebten Ziehharmonika. Nicht immer ging es ohne Schrammen und Verletzungen ab, das brachte der Umgang mit Feuer und Eisen mit sich. Aber der Knabe biss die Zähne zusammen, wenn er ein mitleidiges Lächeln in den Zügen des Meisters zu sehen glaubte und dachte bei sich: Hart werden, darauf kommt es an!

Sogar am Schmelzofen kannte er sich aus, sah der Glut an, ob das flüssige Metall fertig zum Einlauf in die Formen war und lernte die Beimischung anderer Metalle, um den Guss besonders fest zu machen. Dem Schmied machte es selbst Freude, einen solchen Schüler zu unterrichten, und er war recht traurig, als abermals nach einem Monat bestimmt wurde, Michael mit unter die Erde zu nehmen. – Ein Bergmann sollte er werden!

Am nächsten Morgen erhielt er ein Schurzfell, Spitzhacke, Schaufel und Laterne. Dann ging es zum Bergwerk. Inzwischen fielen die ersten Strahlen der aufgehenden Sonne wie Goldfäden in den Wald und ließen den nahen Frühling ahnen.

Im Takt der Schritte stimmte Michael ein frohes Lied an, und die Wichtel fielen mit ihrem Bass ein:

„Wir kennen einen Quell, umrankt von Blümlein bunt,
der fließt so kühl und hell und macht das Herz gesund.
Juchheirassa, juchhe!

Vom Himmel strahlt ein Stern so hell in unser Haus,
er ist so klein und fern und leuchtet es doch aus.
Juchheirassa, juchhe!

Wir wissen einen Platz tief unten in der Erd',
da liegt ein großer Schatz, der uns allein gehört.
Juchheirassa, juchhe!"

Als der Schachteingang erreicht war, wurde das Werkzeug im Förderkorb in die Tiefe gelassen; denn der Einstieg auf schmalen Leitern war nicht ohne Gefahr, und die Hände mussten dafür frei bleiben. Im Schein der angezündeten Laternen ging es hinunter, Stiege für Stiege, tiefer und tiefer. Michael musste all seinen Mut zusammennehmen! Unter sich und über sich sah er die Leuchten der Wichtel, die ihn in die Mitte genommen hatten und auf ihn achtgaben. Endlich unten angekommen erhielt Michael seinen Platz an der Seite Bertholds, eines besonders erfahrenen Bergmannes, der ihm mit Bedacht Anweisungen und Lehren gab. – Die Arbeit war schwer! Das Erz musste oft in gebückter Stellung losgeschlagen werden; kein Wunder, dass Rücken und Arme bald schmerzten. Nach und nach gewöhnte sich Michael jedoch daran, und später war ihm diese

Tätigkeit zur Gewohnheit geworden. Das Erz wurde in kleinen Wagen, „Hunde" genannt, zum Aufzug gebracht und nach oben befördert. Zwei Dachse, denen es Vergnügen machte im Bergwerk zu helfen, zogen sie durch die Gänge. – Viele Tage und Wochen ging es früh die Leitern hinunter und am Abend wieder hinauf ans Tageslicht. Dem Knaben war der Weg bald so vertraut, dass er die Angst des ersten Einstieges nicht mehr begreifen konnte. Michael war ein Glückskind! Das wurde eines Tages zur Gewissheit. Wieder arbeitete er fleißig und unverdrossen, als ihn nach einigen Schlägen mit der Spitzhacke ein strahlender Glanz blendete. Die Wichtel kamen auf sein erstauntes Rufen herbeigeeilt, und der kluge Berthold erkannte als Erster die Ursache des Strahlens: Gold war es, richtiges Gold!

Michael hatte eine Goldader angeschlagen und wurde von seinen Freunden herzlich beglückwünscht. Für sie hatte das Gold keinen Wert, aber sie freuten sich für ihren Schützling, dem es im weiteren Leben viel helfen konnte. Waren die Menschen doch so närrisch, einem Metall den höchsten Wert zuzuerkennen, das von wenig Nutzen war und

aus dem sie allerlei blitzende und funkelnde Dinge fertigten, nur um sich eitel damit zu schmücken.

– Vorsichtig wurde die dünne Goldader aus dem Gestein geschlagen und mit großer Sorgfalt geschmolzen. Die Ausbeute war ein Goldklumpen, groß wie eine Faust, und reichte für Michael bestimmt aus, um einige Jahre ohne Sorgen in der Stadt zu leben und zu lernen.

Inzwischen war es Mitte März geworden. Im warmen Frühlingsregen schmolz der letzte Schnee dahin und die Bäche hatten schäumende Wellen. Neues Leben regte sich überall. Michael ging durch den Wald, sah die grünen Knospen, die Weidenkätzchen und unter den Büschen die Schneeglöckchen. Wenn er sein Ohr an die Birkenstämme legte, konnte er sogar das Rauschen des Frühlings hören. Die Vögel ringsum auf den Zweigen lockten: „Bleib' bei uns!", und auch das flinke Bächlein, über das er hinwegsprang, murmelte: „Bleib' doch bei uns, nirgendwo ist es schöner!"

Ja, es ist schön hier, besonders jetzt im Frühling, dachte Michael wehmütig, und doch muss ich nunmehr Abschied nehmen und meinen Weg weitergehen.

Die Wichtelmännlein waren traurig, als er ihnen seinen Entschluss mitteilte, aber sie sahen ein, dass es so sein musste. Ein eifriges Arbeiten begann, um noch verschiedene Dinge herzustellen, die für Michael in der Stadt notwendig waren, darunter einige Kleidungsstücke, groß und reichlich bemessen; sollten sie doch mindestens drei Jahre passen. –

35

Am Abschiedstag blieben alle Wichtel dem Bergwerk fern, drängten sich um Michael und schüttelten ihm immer und immer wieder die Hände. Weinen durfte keiner von ihnen, das wäre unrühmlich gewesen. Ein dickes Buch, in dem sie ihre Erfahrungen eingeschrieben hatten, bekam er mit auf den Weg, und später erst erkannte Michael, dass es viel mehr Wert hatte als der Goldklumpen, der ins Taschentuch gebunden wurde und schon jetzt recht schwer war. – Häschen und Eichhörnchen begleiteten ihn, und auch die Vögel flogen von Baum zu Baum mit, als er an der Seite seiner kleinen Freunde zum Rand des Waldes ging. Hier aber musste endgültig geschieden werden!

Michael war wieder allein auf dem Weg. Die Wehmut der Trennung klang in ihm noch nach, aber er freute sich auch auf die Schule und die neuen Kameraden. Bald war der „Zauberwald" nur noch als schmaler Streifen sichtbar und verschwand immer mehr. – Es war ein schöner Morgen! Frühlingssonnenschein erwärmte nach langem Winter die Fluren. Die Mücken spielten, und im Blau des Himmels sangen die Lerchen. Soweit das Auge blickte, reihten sich grüne und braune Felder wie bunte Flicken aneinander. Kühe, Schafe, Ziegen und auch Pferde weideten auf den Wiesen und waren für Michael wie alte Bekannte aus seinem Heimatdorf.

So marschierte er mehrere Stunden, bis endlich in der Ferne die Türme und Dächer der Stadt emporwuchsen. Frohen Mutes schritt er durch das Stadttor und weiter in die Straßen mit ihren reichgeschmückten Häusern, las die eingeschnitzten Zahlen und Schriften aus vergangenen Jahrhunderten und streichelte im Vorübergehen ein Kätzchen, das behaglich schnurrend in der warmen Sonne lag. Aus einem Gasthof kam Michael

herrlicher Bratenduft in die Nase, und die zahlreichen Läden mit
ihren schönen Dingen luden ihn immer wieder zum Betrachten ein.
Michael fragte nach der Bergmannsschule, schritt ehrfürchtig an einem
Brunnen mit einer Bergmannsfigur vorüber und öffnete beherzt die
altertümliche Schulpforte. Der Direktor, zu dem er geführt wurde, hatte
gerade die Lehrer in seinem Zimmer versammelt, da der Nachmittags-
unterricht beendet war. Michael wurde freundlich empfangen und erzählte
treuherzig von seiner Lehrzeit bei den Wichteln. Die Geschichte schien
allen Zuhörern gut zu gefallen, aber sie glaubten wahrscheinlich nicht
daran; denn sie lachten belustigt. Ihre großen Augen hättet ihr aber sehen
sollen, als er den Goldklumpen aus dem Taschentuch löste! Bestaunt und
bewundert wanderte das Gold von Hand zu Hand, und am Ende kam es

in den diebessicheren Geldschrank. Michael aber wurde am Tag darauf einem Examen unterzogen und wegen seiner guten Vorkenntnisse angenommen, obwohl er noch nicht das vorgeschriebene Alter hatte.

Der Knabe war ein guter Schüler, erhielt alle Auszeichnungen, die es auf der Schule gab, und wurde später ein angesehener Mann im Bergbau.

An Michael zeigte es sich wieder, dass es nichts tut, in einem armen Hause geboren zu sein. Wer fleißig und rechtschaffen ist, dem steht die ganze Welt offen; besonders wenn er das Glück hat, bei den Wichteln in die Lehre zu gehen.

Weihnacht, Weihnacht überall!

Ein Weihnachtsmärchen von Adolf Holst
Mit Bildern von Ernst Kutzer

O wie schrecklich ist es doch
und beinah zum Weinen:
Liesel hat im Kopf ein Loch
und nur eine Zehe noch
an den Puppenbeinen!
Und die Nase! Rudimann,
sieh dir bloß den Jammer an!
Ach, du armes Herzchen!"

„Als ob das was Schlimmes wär'!
So was gibt's ja immer.
Aber da – mein Teddybär,
der hat keine Arme mehr!
Das ist noch viel schlimmer.
Und hier hinten – welch ein Graus! –
guckt der ganze Häcksel raus!
Ist das nicht entsetzlich?"

„Denk' nur mal", sagt Roseli,
„was mir Mutter sagte,
– und du weißt, sie irrt sich nie –
als ich ihr heut morgen früh
meinen Kummer klagte:
„Tröste dich noch eine Weil'!
Christkindlein macht alles heil,
wenn man nur schön bittet!"

„Wundervoll!", ruft Rudimann.
„Weißt du, was wir machen?
Kommt die heil'ge Nacht heran,
setzen wir vors Fenster dann
die kaputten Sachen.
Fliegt das Christkind dann vorbei,
holt es sicher alle zwei –"
„Ja, das woll'n wir machen!"

„Huhu – huhu!“,
heult der Winterwind
und rüttelt an Toren und Türen –
der Teddybär und das Lieselkind,
die sitzen vorm Fenster und frieren.

Sie sitzen ganz nah aneinander geschmiegt,
die armen Puppengesichter. Der Schnee,
der wirbelnd vom Himmel fliegt,
fällt dichter und immer dichter.

„Schöne Geschichte!“, brummt Teddy jetzt
und strampelt sich warm mit den Beinen.
„Da haben sie uns nun hierher gesetzt,
die unvernünftigen Kleinen!

Wenn ich nur wüsste, warum und wozu
wir nun hier draußen hocken?

Die Nacht ist kalt,
und der Wind macht huhu!
Und es rieseln und fliegen die Flocken.“

„Ich bin ja so müde, mein Teddylein,
kann kaum meine Glieder mehr rühren.“
„Liesel, kleine Liesel, schlaf' nur nicht ein!
Sonst wirst du am End' noch erfrieren.“

„Ich schlafe ja nicht, ich wache ja noch,
mir ist nur so schwindlig und wehe.
Ich glaube, das macht im Kopfe mein Loch
und am Fuß die zerschlagene Zehe.“

So sitzen die beiden vorm Fenster am Haus,
schon halb vom Schlummer bezwungen,
das Teddylein und die Lieselmaus,
und halten sich zärtlich umschlungen.

Plötzlich durch das Schneegewimmel
– wie ein Wunder, hoch und fern, –
flammt am mitternächt'gen Himmel
strahlend auf ein goldner Stern.
Und in seines Lichts Gefunkel
aus des Himmels sel'ger Höh'
rauscht's herab ins ird'sche Dunkel
flügelleicht und weiß wie Schnee.

Sind es Schwäne? Sind es Flocken,
hergeweht vom Weihnachtswind?
Oder gar in goldnen Locken
Engel, die gesendet sind?
Ja, sie sind's in hellen Scharen,
hoch vom Himmelsdome her
kommen sie herabgefahren,
brausend, wie ein brandend Meer.

Und allmählich sich verteilend
hin und her im Flatterflug,
hier sich eilend, dort verweilend,
schwirrt umher der holde Zug.
Und mit Kichern und mit Lachen
– häuserweit und blitzgeschwind –
sammeln sie die Spielzeugsachen,
die entzwei gegangen sind.

Was zu Schaden ist gekommen,
doch als heilbar ward entdeckt,
das wird heimlich fortgenommen
und in einen Sack gesteckt.
So viel Englein – so viel Säcklein,
vollgestopft bis obenaus,
und mit seinem Spielzeugpäcklein
surrt ein jeder stolz nach Haus.

Himmelaufwärts geht's in Eile,
flügelbrausend, Schar um Schar,
dass man liebreich droben heile,
was hier voller Wunden war!
Wie ein grüßend Wehn und Winken
schwindet's über Wolken fern,
noch ein letztes Glühn und Blinken –
und erloschen ist der Stern.

Nur so ein kleiner Flügelmatz,
der war noch nicht so weit,
flog – hurr di burr – als wie ein Spatz
und ließ sich mächtig Zeit.

Was grad' ihm vor die Nase kam,
da schnurrt' er keck drum rum.
Das Schleppen mit dem Spielzeugkram,
das war ihm viel zu dumm.

So schwirrt' er hier und schnurrte da
und pfiff sich eins dazu –
als er die zwei vorm Fenster sah,
da lacht' er laut: „Nanu!

Die Arme weg! Im Kopf ein Loch!
Ich glaube, das genügt,

dass ihr zwei Püppchen heute noch
mit mir zum Himmel fliegt!"

Flugs steckt' er sie ins Säcklein warm,
sie guckten kaum heraus:
Rechts sitzt der Teddy ohne Arm
und links die Lieselmaus.

Und ehe sie noch recht bedacht,
was eigentlich geschehn,
geht es – heidi – schon durch die Nacht
hinauf zu Himmelshöhn!

Mit Sauseflügeln wie der Wind
durch Winternacht und Schnei'n –
„Bist auch nicht bange, Lieselkind?"
„Frierst du nicht, Teddylein?"

Hinauf, hinauf zum Sternenkranz –
und höher noch empor!
Aus tausend Fenstern goldner Glanz
und dann – das Himmelstor!

O Himmelslicht, o sel'ger Schein!
O Wonne, wundersüß!
Die Liesel und das Teddylein –
sie sind im Paradies.

52

Hier war nun schon ein tolles Treiben,
das keine Feder kann beschreiben,
und wenn sie noch so willig wär'!
Dies Durcheinander hin und her!
Hinauf, hinab die goldnen Treppen
von Englein, die sich bucklig schleppen,
und sind doch sehr vergnügt dabei!
Und wie's aus jedem Säcklein quillt
und kunterbunt die Halle füllt!

Doch sind die tausend schönen Sachen,
die kleinen Kindern Freude machen,
bald da entzwei, bald dort entzwei!

Da wimmelt es und bimmelt es
von Schäfchen, welche Glöcklein tragen,

von halbzerbroch'nen Puppenwagen,
von Puppen selber, groß und klein.
Figuren ohne Kopf und Bein,
ein himmelblauer Hampelmann,
der leider nicht mehr hampeln kann.

Hier eine Kuh und dort ein Schwein!
Ein Schornsteinfeger ohne Leiter,
Piepvögel, Hunde und so weiter –
ja selbst ein dicker Elefant
kommt ohne Rüssel angerannt!

Der musste erst mit viel Beschwerden
am Schwänzchen eingefangen werden! –
Das mäht und kräht und lärmt und lacht
und freut sich, dass es heil gemacht!

Das wird nun säuberlich sortiert
und nachgezählt und nummeriert,
damit zu Weihnacht jedes Kind
sein richtig Spielzeug wiederfind't
und kein Verwechseln möglich sei.
Das gäbe sonst ein schön Geschrei!

Dann geht es in die Schneiderei
und Tischlerei und Wäscherei:
Da wird gehämmert und geklopft,
geflickt, gewaschen und gestopft,
geleimt, gebügelt und genäht,
nach links gewendet und gedreht,
geputzt, gestrichen und lackiert,
gekämmt, gebürstet und frisiert –
bis jedes Ding, was es auch sei,
blitzblank und wieder nagelneu!
Und endlich stehn sie alle dann
und schauen sich verwundert an:
„Ach, bist du schön!" – „Ei, bin ich fein!"
Und jedes will das Schönste sein.

Knecht Ruprecht aber, der Weihnachtsmann,
sieht schmunzelnd sich dies Treiben an,
wandelt umher und gibt fein acht,
dass alles wird sauber und recht gemacht.
Hat sich wohl manchmal auch selber gebückt
und hier gebastelt und dort gerückt –
was dann natürlich besonders schön
und hold und himmlisch war anzusehn.

Dahinein kam nun
plötzlich in kühnem Bogen
– hurr, burr – unser Flügelmatz geflogen,
schwenkte sein Säcklein, lachte und schrie:
„So etwas Lustiges saht ihr noch nie!"

Da kam der himmlische Haufen
geflattert, geflogen und angelaufen,
weil auch dort oben die Engelskind'
alle schrecklich neugierig sind.

Und war ein Gerate hin und her,
was denn wohl in dem Säcklein wär'?
Trat auch Sankt Peter noch herzu
und brummte: „Naa –? Wo warst denn du?
Musst immer bummeln, he,
mein Lieber?"
Und wutsch – hat er einen Nasenstüber!

Da lachte der ganze himmlische Hauf,
Sankt Peter sagte: „Nun mach einmal auf!"

Da krabbelten aus dem Säcklein heraus
der Teddybär und die Lieselmaus.

Und Teddylein schämte sich gar sehr,
dass es so ganz ohne Häcksel wär'
und hinten nichts hätt' als Furchen und
Falten!

Hätte gerne die Hand davorgehalten,
dass es kein Englein merken möcht',
aber ohne Arme – da geht das schlecht!

Die Liesel aber hat gleich gelacht und
vor Sankt Peter ein Knickschen gemacht,
beguckt' seinen Bart sich und sagte dann:
„Du bist wohl der liebe Weihnachtsmann?"

Darüber freuten die Englein sich sehr,
sie hopsten lustig die Kreuz und die Quer
und tanzten um beide mit viel Geschrei
den Ri-ra-rutsch und den Ringelreih.

Wie sie nun tanzten und fröhlich sprangen,
da ist das Christkind vorübergegangen,
und als es die armen zwei Püppchen gesehn,
da blieb es vor herzlichem Mitleid stehn,
fragte auch liebreich: „Wo kommt ihr denn her?"
und wie denn das Unglück geschehen wär'?

Dann hat es der Lies übers Köpflein gestrichen
da war auch das böse Loch schon gewichen,
und auch das Näslein war wieder schön,
und es fehlte nicht eine von allen Zeh'n!
Und als es desgleichen beim Bärlein getan,
gleich wuchsen zwei schöne Arme ihm an,
und hinten ward alles wieder rundlich und voll,
wie's eben ein Teddylein haben soll.

Dann haben die Engel die zwei genommen,
und die Lies hat ein neues Kleidchen bekommen
und der Teddy ein himmelblau Seidenband.
Damit ist er stolz herumgerannt
und hat gebrummt und getanzt wie toll,
und die Englein fanden das wundervoll.

So war denn endlich alles so weit.
Da drängte Knecht Ruprecht: „'s ist höchste Zeit!
Heraus mit den himmlischen Reisewagen!
Und alles vorsichtig hineingetragen,
dass nichts zersplittert und nichts zerbricht.
Und verliert unterwegs die Hälfte nicht!
Putzt euch die Flügel und säubert das Kleid,
auf dass ihr dem Christkind willkommen seid!
Betragt euch himmlisch bei all eurem Tummeln!
Und Flügelmatz soll nicht wieder so bummeln!"
Und wie er's geboten, so ward es vollbracht.
Und nun war sie da, die heilige Nacht!

Wer hat den Zug gesehen
aus heiliger Himmelshöh'
zur Erde niederwehen
wie eine Wolke Schnee?

Und sah die Englein fliegen
im schimmernden Gewand
und sich herniederwiegen
ins dunkle Menschenland?

Voran mit Jubilieren
der Musikanten Schar –
zu dreien und zu vieren,
dann wieder Paar um Paar!

Das wogte und das wallte
die Sternenwelt entlang,
und süß und selig schallte
der himmlische Gesang.

Dann schwebte ganz alleine,
von Lilien überdacht,
in Gottes Glorienscheine
das Christkind durch die Nacht.

Von seinem Weihnachtssterne
gar wundersam erhellt,
erglänzte nah und ferne
die winterliche Welt.

Zuletzt die Sternenwagen
mit all dem Spielzeug drin,
bekränzt und goldbeschlagen
und voll bis oben hin!

Es zogen an den Stänglein
nach altem Himmelsbrauch
die hundert kleinsten Englein,
und hundert schoben auch.

Fand jedes sein Gefallen
an solchem Ehrenplatz.
Doch heimlich hinter allen,
da flog der Flügelmatz!

Er flog ganz ohne Sorgen
so hinterm Zug daher
und hielt im Arm verborgen
die Liesel und den Bär.

Und war auf ihrer Reise
kein Späher ringsherum,
dann rief er lieb und leise:
„Schnell, schaut euch einmal um!"

Dann schob das Puppenpärlein
flugs beide Näschen raus:
Nach rechts das Teddybärlein,
nach links die Lieselmaus.

So schauten alle beide
auf stillverborgnem Flug
glückselig und voll Freude
den ganzen Himmelszug –
bis alles rauschend schwenkte
zur Erde nieder bald
und leis die Flügel senkte
in einem Tannenwald.

Nun hub im tiefverschneiten Tann
ein köstlich Weihnachtswunder an!
Denn alsobald, als jedes seinen Flug vollendet
und aus des Himmels Wolkenhöhn
zur Erde seine Fuß gewendet,
da schritt das Christkind durch den Wald
gleich wie durch einen Liliengarten,
die schönsten Bäume zu ersehn,
die dort schon voller Freude harrten
und in Erwartung doppelt schön.
Und wo es dann ein rechtes fand
und rührte mit der heil' gen Hand
ganz leicht nur an den grünen Spitzen,
gleich fing das Bäumlein an zu blitzen
und wurde flugs – man glaubt es kaum –
zum allerschönsten Weihnachtsbaum.

Und stand es nun so, voll Beglücken
und fast beschämt von all dem Glanz,
hellschimmernd in der Kerzen Kranz –
husch, flog ein Engelein herzu,
ergriff das Strahlende im Nu
und trat zurück auf seinen Platz,
es schön mit Gaben auszuschmücken.

Als letzter flog der Flügelmatz,
und – war es Zufall oder nein? –
das schönste Bäumchen wurde sein!

Des freuten sich natürlich sehr
die Liesel und der Teddybär,
weil sie ganz sicher sich gedacht,
dass dieses Weihnachtsbäumleins Pracht
für Rudi und für Rosel sei,
und waren kreuzvergnügt dabei.
Als jedes Bäumchen dann genug
mit Schmuck und Gaben war behangen,
da ist der lichte Himmelszug
leis singend wieder weitergangen.

Und wo sie so vorüberzogen
– die kleinsten wohl einmal geflogen –
und all die Wagen hinterdrein,
da war ein Glitzern und Gefunkel,
als wär's der hellste Sonnenschein.

Und Rehe traten aus dem Dunkel,
die Häslein hoppten aus dem Tann
und staunten froh das Wunder an.

Die Vöglein hüpften in den Zweigen
vor Freude, sich den Zug zu zeigen,
und huben an, in lieblichen Weisen
die heilige Nacht und das Christkind zu preisen,
flogen hin, flogen her
die Kreuz und die Quer –
mehr, immer mehr:
Die zierlichen Meisen,
die lustigen Finken,
die Amseln, die flinken,
der Specht, und der Spatz –
auf dem vordersten Platz!
Sogar die Häher trauten sich näher.
Und war ein Gezwitscher und Flügelschlagen
besonders bei den Spielzeugwagen,
dass laut vom Jubel erscholl der Wald!

Und seht, da macht' das Christkind halt,
hob die Hände und segnete mild
die Vöglein alle, den Wald und das Wild,
sprach: „Heute ist die heilige Nacht,
die den Menschenkindern den Frieden gebracht.
Und wie sie deshalb mit frohen Geschenken
einander unter dem Christbaum bedenken,
so sollt von diesen himmlischen Gaben
auch ihr eine Weihnachtsfreude haben,
damit ihr es merkt und alle wisst,
dass Gott auch die Tiere nicht vergisst!"

Drauf hat es freundlich gewinkt mit der Hand –
da kam ein Englein angerannt
und gleich ein zweites und dann noch mehr,
und jedes trug sein Bäumchen her.
An jedem hing das Schönste dran,
was sich ein Tierlein nur wünschen kann.

Da gab's ein Jauchzen und Jubilieren,
ein Pfeifen und Flöten und Tirilieren,
ein Drängeln und Drücken,
ein Knabbern und Picken –
und wer bisher noch schüchtern und scheu,
oder von allem noch gar nichts gewusst,
der kam nun schleunigst auch herbei
und schmeckte und schmauste nach Herzenslust.

Von ferne und nah war alles da!
Und keiner tat dem andern ein Leid –
Das machte die selige Weihnachtszeit!
Nur Peter, der Igel, der schnarchte fest
in seinem molligen Winternest,
wie eine Kugel zusammengerollt.
Er träumte gerade so wunderhold,
seine Stacheln wären aus lauter Gold –
da hat er das ganze Fest verschlafen!
Doch sollte man ihn dafür bestrafen?

O nein! Auch ihm hat ein Englein zu allerletzt
ein niedliches Bäumchen vors Haus gesetzt,
mit güldenen Tannennadeln besteckt,
hat ihn mit He und Hallo geweckt
und einmal um sich selber gerollt.
Dann hat es sich kichernd davongetrollt.
Na, als er erwacht,
da hat der Peter mal Augen gemacht!

Dies alles erlebten – und noch viel mehr –
die Lieselmaus und der Teddybär.
Aber das Lustigste von allen,
und was den zwei Schelmen am besten gefallen,
das war doch hinter dem Purzelberge
die Weihnachtsbescherung der Wichtelzwerge.

Den Purzelberg, den kennt ihr doch wohl?
Ein Felsen von außen, doch innen ganz hohl,
wo die Wichtelmännlein zu Hause sind –
na also, das weiß ja jedes Kind:
Wo sie hämmern und hacken
sich plagen und placken,
schaufeln und schürfen,
schmelzen und sieden,
Krönlein zu schmieden,
Krönlein mit goldenen Zinken und Zacken,
Ketten und Spangen, Reifen und Ringe,
die kostbarsten Dinge,
die man sich immer nur wünschen mag!

So geht es nun den ganzen Tag:
Di hicke, di hacke, di picke, di packe,
di pinke, di pank die Gänge entlang,
dass man ganz fein im fernen Tann,
das silberne Hämmern hören kann.

Doch ist das Tagewerk geschehn,
eh' sie im Moosbett schlummern gehn,
da krabbeln sie lustig die Höhe hinan
und schlagen von oben alle putzmunter
lauter Purzelbäume den Berg hinunter.
Dabei hat noch keiner Schaden genommen –
und daher ist denn der Name gekommen.

Dort hielt nun der ganze himmlische Zug,
der so viel Schimmer und Freude trug.
Drei Engelbuben sprangen voraus,
stellten sich vor das Felsenhaus
und schrien: „Wichtelmännlein heraus!
Heraus, heraus! Heda! Christkind ist da!
Will euch bescheren! Könnt ihr nicht hören?"

Da kommt es plötzlich
mit Poltern und Schnaufen
aus dem Purzelberge herausgelaufen,
drängt sich und zwängt sich
durch Klüfte und Spalten
und lässt sich nicht halten.

Nur heraus, heraus
aus dem felsigen Haus!
Alles Wichtlein
mit Runzelgesichtlein,
sehr gelehrten,
vor Freude verklärten,
mit so langen Bärten,
lachten und riefen:
„Eia, eia, Christkind ist da!"
Und hin wie der Wind
zum himmlischen Kind!
Dort haben sie höflich
ihr Käpplein gerückt,
wie es für feine Leute sich schickt,
und den allerschönsten Kratzfuß gemacht –
da haben die Englein aber gelacht!

Und das Christkind ist ihnen gar hold begegnet,
hat jeden begrüßt, geherzt und gesegnet,
hat nach allem gefragt:
Wie's ihnen behagt in der Erde Schoß.
Na, und dann ging die Bescherung los!

Es schleppten zuerst der Englein drei
einen wundervollen Christbaum herbei
mit bunten Kerzen,
mit Zuckerwerk und Lebkuchenherzen,
auf dem von des Christkinds eigener Hand
der Name des Wichtleins geschrieben stand:

> *Der Mucki, der Pucki,*
> *der Schnurps und der Schnucki,*
> *der Butz und der Boll*
> *der Trumm und der Troll*

mit den listigen Falten –
wer kann die Namen alle behalten!
Das war ein Jubel und ein Geschrei:
„Juchhe!" und „Juchhei!"
Waren alle aus Rand und Band,
bis jeder sein richtiges Herzchen fand.

Dann kamen die andern Geschenke dran,
wie sie ein Wichtlein gut brauchen kann:
Für jedes ein Käpplein, blitznagelneu,
mit einer knallbunten Feder dabei.
Zwei saubere Söcklein,
ein Sonntagsröcklein,
Lederschürzchen und Bergmannsschuh!
Und ein Pfeifchen und Tabak, das gab es noch zu.
Die Wichtlein täten sich beinah schämen
und wollten zuerst rein gar nichts nehmen.
Doch dann haben sie alles anprobiert
und sind fürnehm darin herumstolziert.

Bald aber konnten sie's nicht mehr lassen,
sie mussten sich an den Händlein fassen
und schwenkten mit wildem Gestampf und Gebrumm
den Purzelgalopp um den Christbaum herum:
Di rumpel, di pumpel! Juchei und hallo!
Und die Bärte und Beinchen, die flogen nur so!

Als solches Gehüpf nun die Englein erblickt,
da hat es auch sie in den Zehen gezwickt,
und um das Gestampf und Wichtelgebrumm
schwebten sie in holdem Reigen herum –
bis das Christkind mahnte: „Genug, genug!
Herbei, alle Englein, zum Weiterflug!
Geschwind, geschwind, dass beim Menschenkind
mit den Gaben wir pünktlich zur Stelle sind!"
Da gab's dann ein schnell Auseinandergehn,
ein jeder sagte: „Auf Wiedersehn!"
Und die Wichtlein haben noch lange gewinkt,
bis das letzte himmlische Leuchten verblinkt –
hockten sich unter den Christbaum dann,
steckten sich schmunzelnd die Pfeifchen an,
und der älteste von den uralten Knaben
seufzte: „Das müsste man immer so haben!"
Die andern haben dazu genickt
und den Blauringelwölkchen nachgeblickt –
bis Mucki meinte: „Bei meinem Hut!
Das Christkind ist lieb! Und der Tabak ist gut!"

Aus dem dunklen Schoß der Wälder,
über Wiesen, Strom und Felder,
schneller als des Adlers Flug,
bald zu Wolken sich erhebend,
jäh dann wieder abwärts strebend,
braust dahin der Engel Zug.

„Seht ihr dort die Türme winken
und die Weihnachtsfenster blinken
über Gassen und Gewühl?
Glocken dröhnen, Menschen jagen –
rasch das Spielzeug aus den Wagen!
Sputet euch! Wir sind am Ziel.

Nun hinab! Und windesschnelle
jedes Ding an seine Stelle,
wo ihr's nahmet, hingebracht!
Das ein jedes Kind geschwinde
seine Sachen wiederfinde,
aber neu und heil gemacht!"

Hui, da flattert, flockt und fliegt es,
wogt und wirbelt, weht und wiegt es
über Gassen, Dom und Platz!
Hier sich eilend, dort verweilend,
all die Gaben recht verteilend.
Ganz zuletzt – der Flügelmatz!

Fröhlich durch die Lüfte bummelnd,
sich ein Himmelsliedchen summelnd,
treibt er so von Haus zu Haus.
Und aus seinem Ärmel blicken
voller Neugier und Entzücken
Teddylein und Lieselmaus.

So aus allernächsten Nähen
heimlich durch die Fenster spähen,
ach, wie ist das wunderschön!
Lichterhelle Weihnachtsräume,
Gabentische, Tannenbäume –
alles, alles kann man sehn!

Wieder dann in vollen Chören
all die Weihnachtslieder hören
hin und her im Widerhall!
Auf der Gasse Menschentrubel,
in den Häusern Kinderjubel – !
Weihnacht, Weihnacht überall!

Aber dort – in dunklem Stübchen
liegt ein armes, krankes Bübchen,
einsam in der heil'gen Nacht!
„Woll'n wir ihm nicht zum Gedenken
unser schönstes Bäumchen schenken?"
Und schon ist das Werk vollbracht.
Lichtgekränzt, mit bunter Kette,
prangt das Bäumlein vor dem Bette,
sanfter wird des Bübchens Ruh'.
Wie im Traume hört es singen,
und die weißen Engelschwingen
fächeln ihm Genesung zu.
Schnell noch ein paar Zuckersachen
und ein Bilderbuch zum Lachen,
auch ein Wämslein, warm und dicht!
„Rasch, dass er uns nicht entdecke!"
Husch – schon sind sie um die Ecke,
und das Stübchen strahlt im Licht.

Und so geht es lieb und heiter
auf der Weihnachtsreise weiter –
hier hinein und dort hinaus!
Auf und nieder! Bis die beiden
plötzlich jauchzen voller Freuden:
„Teddy!" – „Liesel!" – „Unser Haus!"
Wie sie zappeln vor Vergnügen,
selig sich im Arme liegen
und dann wieder herzlich flehn:
„Flügelmatz, du guter, lieber,
halt! Dort schaffe uns hinüber!

Lebe wohl! Und – danke schön!"
Schwupp-di-wupp – schon sitzen beide
heil, im neuen Festtagskleide,
auf dem schönsten Weihnachtsplatz!
Kinder jubeln, Lichter blinken!
Noch ein letztes Weh'n und Winken –
hurr, fort ist der Flügelmatz!

Und nun ist mit Lust und Prangen
auch dies schöne Fest vergangen,
still und dunkel liegt das Haus.
Alles schläft und ruht sich aus.
Und es schlummern süß auch sie,
Rudimann und Roseli,
brav in ihren Bettchen.

Aber fest in ihren Armen,
in den zärtlich weichen, warmen,
liegt das Schelmenpuppenpaar,
das so weit gewandert war –
selig wie im Paradies:
Rechts der Teddy, links die Lies.
Doch – sie schlafen nimmer!

Was sie schauten und erlebten,
was sie froren, flogen, schwebten,
Himmelfahrt und Paradeis,
Waldeszauber, Wichtelreif' –
alles dies erzählten sie
Rudimann und Roseli
lieb und leis im Traume.

Und so ist es nun gekommen,
dass die Eltern es vernommen,
und von diesen hörten dann
Maler es und Dichtersmann.
„Herrlich!", haben sie gedacht,
dieses Buch daraus gemacht,
und nun wissen's alle.

Weihnachten im Walde

Mit Bildern von
Liesel Lauterborn

Die Waldfrau sitzt beim Kerzenschein.
Der Ofen brummt, das Haus schneit ein.
Die Waldfrau merkt es nicht,
sie hilft dem Christkind Nacht für Nacht –
und bastelt Spielzeug. – Wie sie lacht
mit gütigem Gesicht.

Sie bastelt für die Wichtel klein
mit gar geschickter Hand,
denn auch die Zwergenkinderlein,
die wollen froh und glücklich sein
in ihrem Weihnachtsland.

Ein silbern' Glockenläuten zieht
von fernher mit dem Wind.
Da summt ganz leis' ein Weihnachtslied
der Waldfrau Enkelkind.

Trari-trara!
Die Himmelspost ist da!
Sie bringt die kleinen Engel an,
der Kutscher ist der Weihnachtsmann.
Voran zwei Apfelschimmel,
so kommen sie vom Himmel.

Jetzt um die liebe Weihnachtszeit,
da ist die Erde dicht verschneit.
Drum sagt der Kutscher: „Halt –
Hier ist der Märchenwald.

Die Räder kommen nicht mehr fort,
so wart' auf uns an diesem Ort.
Wir aber schmücken rasch und gern
des Christkinds Wege!" – Stern um Stern
erstrahlt am Tannenzweig,
denn das Christkind kommt ja gleich!

Auf der Wiese im Wald
ist's so weiß und so kalt –
und die Tiere, sie frieren so sehr.
„Ach", spricht das Reh,
„der Hunger tut weh,
und man sagt, dass es Weihnachten wär!"
„O", ruft der Has,
„das macht keinen Spaß!
Wär es doch Sommer geblieben.
Mir ist gar nicht wohl –
und kein Blättchen Kohl,
und nicht mal ein paar gelbe Rüben!"
Es klingt in der Luft,
der Kreuzschnabel ruft:
„Kommt mit, ich hab was gesehen!
Das Christkind, hört – hört –
hat Futter beschert
den Vögeln, den Hasen und Rehen!"

Der Nussknacker

Eichkätzchen, hast mir Nüsse gestohlen!
Wart, gleich werd' ich dich einholen.
Hinaus mit dir in den Winterwald!",
so schilt die Waldfrau grau und alt.
Eichhörnchen hoppelt durch den Schnee,
es tut ihm an den Zehlein weh.
Da – plötzlich sitzt es wie gebannt
am weißverwehten Waldesrand:
Dort leuchtet hell aus dem dunklen Tann
die Himmelskutsche vom Weihnachtsmann.
Leer ist sie – denn der Nikolaus
putzt alle Bäume mit Sternlein aus.
Die Engelein in bunter Reih'
sind bei der Arbeit auch dabei.
Eichkätzlein schlüpft in die Kutsche hinein:
Hier müssen doch eigentlich Nüsse sein?
Und richtig – bald geht es „krick" und „krack",
voll wird der Magen und leer der Sack.
Nun ist es geschafft und hier drinnen ist's gut,
Eichkätzchen probiert, wie ein Schläfchen tut.
Derweilen ziehn die Apfelschimmel
die Weihnachtskutsche hinauf in den Himmel.
Eichhörnchen erwacht, von Englein umschwirrt,
es reibt sich die Äuglein, ist schrecklich verwirrt.

Da ist der liebe Gott gekommen,
hat's zu sich auf den Thron genommen
und sagt: „Jetzt musst du bei mir bleiben,
den Engelein die Zeit vertreiben."
Da fängt das Eichhorn an zu schrein:
„Ich will noch nicht im Himmel sein!
Ich will durch meine Wälder ziehn,
bis alle Bäume wieder grün.
Und Nüsse stehl' ich nimmermehr!"
Da lacht der liebe Herrgott sehr
und Petrus und die Engelein:
„So fahr in Frieden wieder heim!
Spann noch einmal die Kutsche an,
du guter alter Weihnachtsmann.
Fahr ihn zur Erde, diesen Racker,
doch merk dir eins, du Nüsseknacker:
Der Waldfrau machtest du Verdruss,
so bring ihr diese gold'ne Nuss!
Doch, kleiner Sünder, knack sie nicht!"
Der Herrgott macht ein ernst' Gesicht.
Zur Erde geht's in einem Saus
bis vor der Waldfrau kleines Haus.
Und denkt euch, Gretel oder Hans:
Die gold'ne Nuss blieb heil und ganz.

Das ist der Weihnachtswunderbaum.
Er leuchtet wie ein Märchentraum,
ist innen ganz von Gold.
Und alle Waldbewohner sehn
in seiner Tür das Christkind stehn,
das Christkind, lieb und hold.
Viel' Kerzen strahlen vom Gezweig,
die kleinen Gäste sind so reich
mit ihren süßen Sachen:
Lebkuchen, Äpfel, Marzipan,
im Walde geht ein Feiern an,
ein Jubeln und ein Lachen.

Und dann in Wichtelmännchens Haus
packt man die Weihnachtsgaben aus,
beim sanften Kerzenschimmer.
Ein Apfel – riesengroß und schwer,
nun gibt es keinen Hunger mehr
in diesem kleinen Zimmer.
Der Waldfrau Püppchen fest im Arm
sitzt Wurzelchen, die Kleine.
Der Puck bekam ein Spielzeugpferd
an einer langen Leine.
Dort kommt der Pate Moosebart
mit seiner Frau geschritten.
Er hat so eine nette Art,
drum ist er wohlgelitten.
Von Weitem hört er durch den Wald
die Wichtelkinder singen.
Da lacht er, dass es fröhlich schallt:
Auch er will noch was bringen.

Kennt ihr des Waldklausners Haus?
Klein und bescheiden sieht es aus.
Es steht unter uralten Buchen,
das Christkind will ihn besuchen.

So reitet's auf seinem Eselein
in den tiefen, finstren Wald hinein:
Die Vögel sitzen auf Waldklausners Dach,
die Tiere kommen in sein Gemach.
Die Lampe strahlt, es knistert das Buch:
„Ei", ruft der Klausner, „so lieber Besuch!"
Und die Eule heult: „Wie schön,
das hab ich noch niemals gesehen!
Der Rabe sagt: „Gebt acht,
heut' ist doch Weihenacht!"
Und das Eichhörnchen keckert zum Schluss:
„Christkindchen, ich möcht' eine Nuss!"
Und jetzt – kling, klang – den Wald entlang
hört man das Glöckchen schallen.

Den Heiligabend läutet ein,
am Klausnerhaus ein Engelein,
und Freude bringt es allen.
„Jetzt lieber Alter, gute Nacht",
so hat das Christkind ihm gesagt,
„ich muss ja heut' noch weiter,
bleib du gesund und heiter!"
Es schwingt sich auf sein Eselein,
denn alle Kinder warten sein,
die Buben und die Mädchen.
Das Eselein setzt sich in Trab.
Vom Waldessaum geht es hinab
ins tief verschneite Städtchen.

Der Kinder Weihnachtszeit

Vom Nikolaustag zur Heiligen Nacht

Verse von Max Dingler
Mit Bildern von Hedda Obermaier-Wenz

Owelche Lust: gefallen war
der erste Schnee in diesem Jahr.
Frau Holle droben im Wolkenhaus
schüttelte ihre Betten aus,

und all das muntere Flockenstieben
war auf der Erde liegen geblieben.
Nun hüllt es Dorf und Feld und Stein
in eine weiße Decke ein.

Ans Fenster springt der Hans und schreit:
„Kommt schnell, kommt schnell! Es hat geschneit!"
Da weiß es gleich ein jedes Kind,
welch heimlich-schöne Zeit beginnt.

Die Klügsten rechnen leicht sich's aus:
Nun kommt gar bald der Nikolaus,
und glänzt nur erst der rechte Stern,
ist auch die Weihnacht nimmer fern!

Derweilen war in Himmelshöhen
schon manches Wichtige geschehen:
Sankt Nikolaus, der niemals kargt,
begab sich schnell zum Weihnachtsmarkt,
um für die braven Kinderseelen
die schönsten Mitbringsel zu wählen.
Doch weiß er auch, dass man nichts nimmt,
was erst fürs Weihnachtsfest bestimmt.

Schon bald beginnt auch jene Nacht,
da er sich auf die Reise macht.
Wie stets bei diesem Wolkenritt,
nimmt er den kleinsten Engel mit.

Die Wolke, die das Es'lein trägt,
wird lieber an die Schnur gelegt,
sonst rutscht ihm gar das gute Tier
weiß Gott wohin im Luftrevier.

Auf Erden kommt Sankt Niklaus bald
zu dem Getier im Winterwald.
Und weil er ein so guter Mann,
drum drängen alle sich heran,
ganz ohne Sorge, groß und klein. –

So könnt's auch bei uns Menschen sein,
hätten wir nicht mit Unbedacht
den Tieren so viel Leid gebracht.

Der zweite Sonntag im Advent
ist da. Das zweite Kerzlein brennt.
Jetzt muss man schöne Weihnachtssachen
für Eltern und Geschwister machen.

Es malt der Fritz, es strickt die Grete,
die Heidi aber bläst die Flöte,
sie übt und übt, damit sie dann
zum Fest schön musizieren kann.

Und immer höher liegt der Schnee.
Den Menschen tut die Kälte weh,
nur Niklaus und sein Engelein,
die schreiten fest und tapfer drein.

Das Es'lein hat er für die Nacht
in einen Bauernstall gebracht;
dort wartet es auf seinen Herrn,
denn Stroh und Äpfel frisst es gern.

Hei, wir haben unsre Schuhe
abends vor die Tür gelegt,
fanden kaum noch Schlaf und Ruhe,
wir sind schrecklich aufgeregt.

Drauf am Morgen – welche Freud!
Jeder Schuh voll Süßigkeit!

125

Milch und Zucker, Mehl und Ei,
Zimt und Mandeln auch dabei!
Walkt den Teig der Klaus,
Lieschen sticht ihn aus:
Herzen, Enten, Mond und Sterne –
Manchmal nascht man auch ganz gerne!

So bei frohem Schwätzchen
backt man Weihnachtsplätzchen.

Draußen geht der Wind.
Drinnen träumt das Kind.
Träumt vom Christkind, das nun bald
herfliegt aus dem Weihnachtswald.
Träumt von hundert bunten Sachen,
die viel Freude machen:

Nüsse, Äpfel, Marzipan,
Bilderbuch und Eisenbahn,
Puppen, Hampelmann und Wiegen –
Ei, was wird's wohl alles kriegen?

Die heilige Nacht –
nun ist sie da
in Sternenpracht und Gloria.
Und Engelsstimmen
überall:
Das Kind ist geboren
in einem Stall.

Erfüllt ist jetzt der schönste Traum: Die Mäulchen stehn vor Staunen offen.
Die Kinder stehn vorm Weihnachtsbaum.   Denn was der kühnste Wunsch erdacht,
Wer durfte solchen Segen hoffen?   das Christkind hat es uns gebracht!

Heute geht's – juchhe! –
hinaus auf Eis und Schnee.
Schlittschuh, Ski und Rodelschlitten

hat das Christkind auch gebracht.
Pauz! Ist einer ausgeglitten –
Doch wer hätt' da nicht gelacht!

Das Ende dieser heil'gen Zeit
ist den Drei Königen geweiht.
Der Kaspar, Melchior, Balthasar,
die wünschen jetzt ein gutes Jahr
und bringen, weil sie Könige sind,
viel Gaben für das Jesuskind.

Denn dorthin führte sie der Stern.
Doch, weil sie essen selber gern
von all den süßen Dingen,
die einst am Christbaum hingen,
beschenkt sie auch ein wenig,
die heiligen Drei König!

131

Vorbei, vorbei,
das herrliche Fest!
Der Morgen tagt,
ein Mäuschen nagt
am Kuchenrest.
Noch glühn die Gesichter:
„Wie schön es war!" –

Dann löschen die Lichter
bis übers Jahr.